T0163919

BENOÎT MALBRANQUE

D'OR ET DE PAPIER

LES BELLES LETTRES
2014

www.lesbelleslettres.com

Retrouvez Les Belles Lettres
sur Facebook et Twitter.

ISBN : 978-2-251-23004-7

« Un gouvernement est la seule organisation capable de prendre une matière première importante comme le papier, d'y mettre un peu d'encre dessus, et de rendre le tout totalement sans valeur. »

Ludwig von Mises

INTRODUCTION

Imaginez un billet de 50 francs. Imaginez son élégante parure bleue transportée par l'air, échouée sur un trottoir, et ignorée par des passants pressés. Imaginez-le devant vos pieds. Le ramasseriez-vous ? Il est probable que vous ne le fassiez pas, et tout aussi probable que vous agiriez différemment s'il s'agissait d'un louis d'or. Pourquoi en est-il ainsi ? La monnaie de papier n'est-elle pas tout aussi bonne que les pièces métalliques des époques anciennes ? La valeur d'une monnaie de papier n'est-elle pas tout aussi peu fictive et provisoire que les lingots ?

Quoique les réflexions sur la monnaie remontent à plusieurs siècles, peu de questions économiques ont encore autant besoin d'être éclairées. Dès le xiiie siècle, de nombreux intellectuels, dont Oresme, Buridan, et d'autres, se sont penchés sur la monnaie. Leurs écrits ont pour ainsi dire fondé la science économique, et ils sont longtemps restés de véritables références. Et pourtant, huit siècles plus tard, il n'est pas certain que nous ayons fait de grands progrès.

Il faut dire qu'à toute époque, dans la France du XIIIᵉ siècle comme dans celle du XXIᵉ, le dénouement des complexités de la monnaie ne peut se faire sans effort. Et nous aussi, nous aurons le plus grand mal à faire la lumière sur ces questions, si nous n'acceptons pas une profonde remise en cause. Cela ne signifie pas seulement le devoir de renverser notre manière de voir : cela signifie creuser davantage vers les causes du mal. Il ne s'agit plus de se demander si les billets doivent être émis par un organisme national ou par une entité européenne. Ces débats ne font qu'effleurer le vrai problème, et, en se cantonnant à des réflexions de ce type, notre pensée ne fait que rester dans l'enfance. Nous ressemblons à ces mineurs fainéants qui, après avoir retourné un demi-mètre cube de terre, s'exclament avec vigueur : « Non, il n'y a pas d'or ici. »

Cet effort doit être fait, car la monnaie est une question sérieuse. Nous l'utilisons tous chaque jour, et nous serions bien embarrassés si elle devait perdre tout à coup sa valeur. La consommation étant la première nécessité économique à laquelle nous sommes confrontés, et la monnaie l'unique moyen dont nous usons pour acheter les biens dont nous voulons jouir, il est évident que les problèmes monétaires touchent chacun d'entre nous.

La monnaie nous concerne donc directement, et si sa forme actuelle avait un défaut intrinsèque, il serait de la responsabilité de tout homme de bien de le faire savoir. Si sa forme présente était l'objet d'une dérive, il faudrait qu'il la signale, et s'il sentait une manière d'empêcher les maux qu'il observerait, il faudrait qu'il l'expose. Le présent livre répond à ce double objectif.

Nous avons tellement pris l'habitude de considérer que nous sommes riches ou pauvres selon la quantité de monnaie que nous détenons dans notre portefeuille, que nous devrions être très alertés de tout ce qui peut miner entièrement la valeur de cette monnaie. Pourtant il n'en est pas ainsi, et nous continuons à regarder nos bouts de papier comme des denrées précieuses.

Ouvrons les livres du monde, et nous l'apprendrons aisément : l'histoire millénaire de la monnaie de papier est une histoire de catastrophes. De la Chine médiévale à la faillite récente du Zimbabwe, en passant par l'expérience malheureuse des *continentals* américains, l'histoire surabonde d'exemples de folies financières, de ces temps où, précisément, la monnaie de papier avait elle-même surabondé. La France, peut-être davantage encore que les autres pays européens, a bien souvent succombé aux sirènes du papier-monnaie. Le système de Law, les « assignats », et jusqu'aux billets contemporains, l'histoire de France est remplie de ces euphories passagères, de ces envolées lyriques hors du cadre de la réalité, et de ces effondrements, si violents et si destructeurs.

Les raisons de l'usage du papier-monnaie ont fait l'objet des premières études monétaires. La pensée des fondateurs, en vérité, avait des implications politiques, et ils firent peu d'efforts pour le cacher. Leurs avertissements contre la dévaluation, contre la surabondance monétaire, contre le monopole, tous avaient des racines politiques. Ces penseurs l'avaient bien compris : c'est bien l'État qui est au cœur des questions monétaires. Et au cœur des problèmes. Les mécanismes de production monétaire font de l'État le ressort principal et, pour ainsi dire, unique. Les possibilités de détournement sont nombreuses, et très peu fictives. Qu'on se souvienne simplement des mots d'Idi Amin Dada, chef d'État ougandais, qui avait résumé les folies permises par le papier-monnaie avec un conseil lapidaire : « Imprimez trois millions et prenez un million pour vous. »

Soutenir les folies de l'État dans ce sens ne fait pas de nous de respectueux patriotes, cela fait de nous des aveugles volontaires. Car il n'y a qu'un aveugle volontaire, il n'y a qu'un homme qui refuserait délibérément de reconnaître le cours réel des événements, qui pourrait soutenir le papier-monnaie pour le bien du peuple. Il n'y a qu'un aveugle volontaire, surtout, qui pourrait ignorer les leçons de l'histoire, et écarter d'un revers de main les implications fondamentales des désastres monétaires des siècles passés.

Suivant un exposé sur les origines de la monnaie, et donc sur sa nature, la deuxième et plus large partie de ce livre est consacrée à l'explication de quelques-unes de ces expériences malheureuses. Son objet n'est pas de fournir une réfutation définitive à toute idée de monnaie-papier, mais simplement d'illustrer les principes qui seront établis plus en profondeur dans la troisième partie.

Cette troisième partie sera plus pratique, et plus instructive pour nos débats contemporains. Puisqu'il n'est pas honnête intellectuellement de remettre en cause un principe établi sans en fournir une alternative raisonnable, nous la consacrons donc à la présentation et à la défense de ce qu'il convient d'appeler la « monnaie saine ».

LES ORIGINES
DE LA MONNAIE

La monnaie et l'homme ont toujours avancé main dans la main. Les Grecs la connaissaient, et les Romains intensifièrent son usage. À la vérité, seules les premières peuplades n'en disposaient pas. Pour autant, elles aussi furent assez vite engagées sur le sentier du progrès humain. Ce fut par nécessité. Les barrières à l'échange étant des barrières à la prospérité, ce n'est pas un hasard si l'âge du troc a toujours signifié l'âge de la rareté. Dépassant ce stade, ces peuples ont ainsi vu apparaître la monnaie. En tracer l'histoire complète, exhaustive, et scientifique, nous ferait sortir du cadre que nous nous sommes fixé, et demanderait bien plus de pages que nous n'en disposons ici.

La monnaie naquit du besoin des hommes. La nature nous a donné des capacités pour pourvoir à nos besoins, mais elle n'a pas rendu notre constitution assez forte pour que nous puissions nous en charger seuls. En limitant nos dispositions, elle nous a poussés à concentrer nos efforts sur un nombre réduit d'activités productives. Le développement des échanges, et l'intensification des liens sociaux qui le suit, n'a fait qu'accentuer cette disposition naturelle. Alors nous avons commercé, donnant le produit de notre travail contre le produit du travail des autres.

Il est impossible de se faire une idée claire de ce que la monnaie signifie dans l'économie, et dans nos vies, sans passer nos regards, au moins furtivement, sur ce que furent les conditions de l'échange avant son arrivée. Les sociétés du troc offrent à nos yeux ébahis des scènes peu communes. Deux hommes se font face. L'un évoque son élevage de volailles, qui lui a donné plus de produit qu'il ne le fait d'habitude, l'autre ses poissons, fruits d'une pêche heureuse. Y aura-t-il échange si notre éleveur de volailles possède déjà du poisson pour couvrir ses besoins ? Voyons. Quelle valeur a un produit dont quelqu'un ne veut pas, ou dont il dispose déjà ? Quelle valeur, indiquait déjà le sage Xénophon au ve siècle avant J.-C., quelle valeur a une flûte pour celui qui ne sait pas en jouer ? Elle n'en a pas. Ainsi, l'échange reste partout dans l'enfance, car la monnaie n'est pas encore née. Notre homme a déjà du poisson, et pourtant il voudrait bien vendre sa volaille. Pas d'échange. L'un des plus grands progrès de l'humanité fut de trouver une solution à cette difficulté, et, en s'apercevant des limites du troc, d'introduire un moyen commun des échanges.

L'échange étend la sphère des jouissances humaines et favorise la diffusion du progrès. Plus l'échange se développe, plus les compétences humaines, les talents, et le génie, qui sont le lot des plus chanceux d'entre nous, se diffusent à tous et deviennent pour ainsi dire communs. Les inventions se font jour, et l'échange les transmet à tous. L'humanité entière profite de cette diffusion. « Les deux plus grandes inventions des hommes, écrivait ainsi Mirabeau le père, sont l'écriture et la monnaie, c'est-à-dire la langue commune des idées et la langue commune des intérêts. »

La monnaie émergea spontanément[1.] Nulle part dans les annales de l'histoire nous ne trouvons des assemblées de citoyens votant la création de la monnaie. Elle naquit par accident, comme par hasard, et fut longtemps utilisée sans que les hommes comprennent ce qu'elle était vraiment. La monnaie fut d'abord des marchandises ordinaires. On utilisa des clous, des coquillages, du cacao, du blé, des fourrures, selon les dispositions naturelles du lieu dans lequel on était[2.] Puis ce fut, plus tard, des métaux précieux. Ils répondaient mieux aux spécificités que réclame la monnaie. Les hommes mirent du temps à le comprendre, mais comment aurait-il pu en être autrement ? Les enfants marchent tous bien mal en faisant leurs premiers pas.

Effectivement, il s'avéra assurément plus commode de conserver dans sa bourse une demi-livre d'or, d'argent ou de bronze, que, dans son grenier, une tonne de blé,

---

1. Cf. notamment Carl Menger, « On the Origins of Money », *Economic Journal*, 2, 1892, p. 239-255.

2. Cf. William Ridgeway, *The Origin of Metallic Currency*. Cambridge, Cambridge University Press, 1892.

ou deux cents kilos de sel, ou trois cents morceaux de morue. Les métaux étaient également plus maniables, moins encombrants, moins périssables, moins faciles à contrefaire, et donc moins sujets à la duperie. Ils s'installèrent donc dans la bourse des hommes, et dans leur cœur aussi, comme le moyen privilégié de tous les échanges. La loi finira par valider cette pratique, qui était née sans elle, et par apposer sa marque pour aider la confiance. C'est ainsi que, comme le raconte Aristote, « on convint de donner et de recevoir dans les échanges une matière, qui, utile par elle-même, fût aisément maniable dans les usages habituels de la vie. Ce fut du fer, par exemple, ou de l'argent, ou telle autre substance analogue, dont on détermina d'abord la dimension et le poids, et qu'enfin, pour se délivrer des embarras d'un continuel mesurage, on marqua d'une empreinte particulière, signe de sa valeur[3] ».

Bien entendu, aucun métal n'est parfait, ni comme monnaie, ni comme bijou. L'or comme l'argent sont sujets aux variations

---

3. Aristote, *Politique*, trad. Barthélemy Saint-Hilaire, t. I, livre I, chap. III.

de leur valeur, selon le rapport entre l'extraction annuelle et le besoin qu'on en a. Pour autant, nous constatons aisément que les variations du prix de l'or, notamment, ont été immensément moindres que celles des autres marchandises qui auraient pu servir comme étalon, y compris le blé. Certains pourraient arguer aussi que l'or et l'argent peuvent être d'une qualité variable, et qu'en les alliant avec d'autres métaux moins nobles, il devient aisé de les falsifier. Cet argument ne peut être balayé d'un simple revers de main, mais il est tout de même nécessaire d'en diminuer la portée en le mettant en perspective. Les métaux sont évidemment altérables, et le sceau d'une autorité gouvernementale ne les protège pas contre cet abus, bien au contraire. Néanmoins, l'identité sera toujours plus facile à établir, et à maintenir, entre une once d'or et une autre, plutôt qu'entre un kilogramme de farine et un autre, ou entre des clous, du sel, ou des morues. Et les hommes l'ont compris.

Les premiers grands économistes ne s'y sont pas trompés non plus. Nous avons déjà cité les noms d'Oresme, de Buridan et autres premiers théoriciens de la monnaie. Leur défense des métaux comme seule monnaie possible est pour autant assez peu convaincante pour notre époque, étant donnée l'absence, pour eux, d'une quelconque alternative. Avec les économistes du XVIIIe siècle, en revanche, nous nous trouvons face à des penseurs qui vécurent les premières expériences de papier-monnaie, qui connaissaient l'exemple des nations chez qui la monnaie n'était déjà plus des métaux, et qui étaient donc parfaitement armés pour considérer la désirabilité ou la non-désirabilité d'une monnaie purement de papier.

Au cours du XVIIIe siècle, le papier-monnaie subissait encore une quasi-unanimité contre lui de la part des économistes. Tant Ferdinando Galiani, dans son très respecté *Trattato della moneta*, que Turgot, dans ses *Réflexions sur la formation des richesses*, firent valoir que la monnaie était par nature une marchandise, et ne pourrait jamais être autre chose qu'une marchandise. Dans un paragraphe intitulé « Toute monnaie est essentiellement marchandise », Turgot écrit : « On ne peut prendre pour commune mesure des valeurs que ce qui a une valeur, ce qui est reçu dans le commerce en échange des autres valeurs, et il n'y a de gage universellement représentatif d'une valeur qu'une autre valeur égale. — Une monnaie de pure convention est donc une chose impossible[4]. »

Ces économistes rappelèrent également les trois grandes fonctions de la monnaie, déjà admirablement définies par Aristote ; à savoir :

1° Unité de compte. Afin de définir la valeur et le prix des marchandises, il est nécessaire de se servir d'un étalon. De même qu'il faut avoir une mesure commune des grandeurs pour dire qu'une statue fait 3 mètres, qu'une tour fait 130 mètres, etc., de même dans l'échange il faut une unité commune pour dire : ce pain vaut 5 francs, ces chaussures valent 50 francs, etc. Pour fournir à chaque marchandise son prix en francs, en livres, en euros, etc., il n'est pas nécessaire pour moi de posséder dans ma poche ces monnaies. Nous utilisons pour cela une monnaie idéale, tout comme nous utilisons un mètre idéal, ou l'idée du mètre, pour compter et comparer les dimensions des choses.

2° Intermédiaire des échanges. Une fois passé le stade de l'évaluation monétaire

---

4. *Œuvres de Turgot*, Paris, Guillaumin, 1844, t. I, p. 28.

grâce à la monnaie idéale, il arrive bien un moment où, le prix étant convenu, il faut le payer. Si je veux acquérir ce pain qui, me dit-on, vaut 5 francs, je dois désormais les fournir. Ainsi la monnaie obtient-elle sa deuxième fonction, en payant les marchandises que je souhaite obtenir. Je fournis des francs au marchand, et j'en reçois en délivrant, par exemple, une prestation de service. La monnaie est devenue intermédiaire des échanges.

3° Réserve de valeur. Il s'agit là d'une fonction dérivée de la précédente, mais significative néanmoins. Si la rémunération de ma prestation de service ne se prolonge pas immédiatement dans un achat de marchandises pour mes besoins, ou si j'entends, par précaution, conserver par-devers moi une partie de la valeur perçue, j'utilise alors la monnaie dans sa troisième fonction. Pour conserver pour un temps prochain les valeurs perçues aujourd'hui, il ne me faut donc désormais plus posséder un quelconque pouvoir magique, mais, simplement, conserver avec moi de la monnaie, et attendre un temps prochain pour l'utiliser.

Telles sont les trois fonctions de la monnaie, et les trois raisons pour lesquelles elle nous est si utile, si nécessaire, et si précieuse.

*

Nous avons parlé de spontanéité, et même de hasard, pour conter l'apparition de la monnaie. Alors, la question se pose : que fit l'État dans cette affaire ? Il fut un facilitateur, un accompagnateur. Expliquons-nous. L'échange de toute marchandise est facilité si celle-ci possède une marque, une trace, un signe de ce qu'une autorité compétente, et reconnue comme digne de confiance, approuve et valide sa qualité. Telle a longtemps été la fonction de l'État. « Le rôle de la puissance publique, écrira l'économiste Frédéric Passy, c'est un rôle de protection et de sauvegarde, un rôle d'honnêteté, un rôle de police. L'État ne fait pas la monnaie ; l'État n'institue pas la monnaie ; l'État ne donne pas à la monnaie sa force et sa valeur, non : l'État représente la foi publique, témoin et sanction de la foi privée. Il reconnaît, après vérification, que tel morceau de tel métal précieux pèse tant, est au titre de tant ; et, en vertu de cette constatation régulièrement faite, il appose sur ce disque une empreinte, qui est en quelque sorte l'attestation collective de la société[5]. »

Garantir la qualité des pièces de monnaie : telle resta longtemps la fonction de l'État sur ces questions. Longtemps, jusqu'à quand ? Il est vrai que ce n'est que bien tard qu'apparurent les premiers billets de monnaie-papier ; mais ce n'est pas pour autant que les désastres monétaires attendirent son arrivée. Les rois de France, notamment, firent de la manipulation monétaire une pratique courante. L'ampleur des dégâts dépasse de tellement l'entendement que nous pourrions avoir le plus grand mal à croire le récit des historiens. La juste mesure est fournie par l'économiste Louis Wolowski, qui, à propos de ces pratiques durant le XIVe siècle, raconte par exemple : « Le monarque chevaleresque auquel l'histoire conserve, on ignore pourquoi, le nom de Jean le Bon, car il résumait en lui les égarements d'une époque fatale à la France, tourmenta plus qu'aucun de ses prédécesseurs la valeur des monnaies. De 1351 à 1360, la livre

---

5. Frédéric Passy, *Histoire d'une pièce de cinq francs et d'une feuille de papier* (1909), Institut Coppet, 2012, p. 20.

tournois changea soixante et onze fois de valeur ; les années 1359 et 1360 figurent à elles seules, l'une pour seize, l'autre pour dix-sept mutations. Le mal fut d'autant plus grave, qu'au lieu d'une altération progressive, il se produisit des changements en sens inverse, et que la hausse succéda onze fois à autant de baisses différentes. C'était la loi en démence[6]. »

Les altérations monétaires, quels que soient les procédés utilisés, avaient une cause commune, les choix arbitraires du souverain, et son enrichissement aux dépens du peuple était leur conséquence la plus visible. Elles continuèrent durant des siècles, impunies et presque invisibles, jusqu'au temps où on refusa avec la plus grande vigueur d'accepter que, comme disait le déjà cité roi Jean le Bon, il appartienne aux rois « de faire telles

---

6. Louis Wolowski, « Étude sur le Traité de la monnaie de Nicole Oresme », mémoire pour la séance publique annuelle des cinq Académies de l'Institut impérial de France, le 14 août 1862, in L. Wolowski, *Traité de la première invention des monnaies par Nicolas Oresme*, Paris, Guillaumin, 1864, p. XLII. Voir aussi le compte-rendu qu'en fait Jules Michelet, *Histoire de France*, Paris, 1862, t. III, p. 361.

monnaies, comme il nous plaît et de leur donner prix[7] ». Le faux monnayage continuait à être passible de la peine de mort, mais, bien sûr, jamais aucun roi n'y fut condamné.

Autre source considérable d'abus, la pratique connue sous le nom de *droit de seigneuriage* n'était pas initialement une fraude notable, mais elle finit assez vite par le devenir. Il s'agissait pour le souverain de donner aux pièces de monnaie des valeurs faciales inférieures à leur valeur réelle en métal, afin de payer les frais de frappe. On commença par placer ce droit à quelques pourcents, un peu supérieur à 5 % ; mais, les besoins de l'État allant croissant, ce taux fut rapidement porté à de tout autres niveaux.

Chaque fois, c'était commettre un vol. C'était miner la confiance, et profiter du monopole d'émission pour financer discrètement les opérations des gouvernements. Chaque fois, et quel qu'ait pu être le motif fourni, il s'agissait d'un vol, d'une duperie, d'une fraude. Il s'agissait d'un crime. Les mots très justes du déjà cité Frédéric

---

7. Frédéric Passy, *Histoire d'une pièce de cinq francs et d'une feuille de papier*, *op. cit.*, p. 20.

Passy rappellent cette réalité : « Il faut dire les choses comme elles sont, au risque d'étonner un moment peut-être quelques personnes, certes, c'est un crime, un véritable et inexcusable crime, que d'altérer la monnaie, que de réduire sciemment et à mauvaise intention la valeur de ce gage qui circule pour tous sous la foi de la conscience publique ; mais ce crime pourtant n'est pas autre chose qu'un vol, un vol très grave, un vol entouré de circonstances qui sont de nature à le faire voir avec horreur par tout le monde, et à attirer sur ceux qui le commettent une exécration universelle[8]. »

C'était les premiers travers, les premiers désastres. Limités par la matière même de la monnaie, ils avaient une portée limitée quoique tout à fait sensible. L'introduction du papier-monnaie fit rompre ce barrage déjà bien faible.

---

8. *Ibid.*, p. 27. Nous pourrions poursuivre cette discussion en expliquant pourquoi une fraude commise par l'État est toujours plus grave que celle commise par un individu solitaire, parce qu'elle abîme l'autorité publique, et la morale même. Mais ce livre n'est pas un cours de morale, et le lecteur tirera lui-même ces conséquences en fonction de ses appréciations.

C'est la thèse qu'il nous faut défendre. Mais pourquoi aller en Allemagne, ou au Zimbabwe ? Pourquoi raconter une histoire obscure choisie précisément à dessein ? Contentons-nous de raconter les deux grandes premières expériences de papier-monnaie, dans notre propre pays. Sans doute suffiront-ils amplement pour éclairer notre lanterne. Car, en effet, la première expérience de papier-monnaie fut déjà une catastrophe sans précédent. Il nous faut la conter.

LES DÉSASTRES
DU PAPIER

Le règne de Louis XIV avait laissé les finances publiques dans un état désastreux. Les recettes ordinaires ne suffisaient plus, et de loin, à couvrir les dépenses consenties chaque année. L'ampleur des difficultés était considérable. De nombreux économistes, Boisguilbert, Vauban, et d'autres, avaient indiqué la source des maux, mais ils ne furent pas écoutés. La situation se dégrada. C'est alors que, attendant un sauveur, on se rua sans discernement aux pieds du premier homme qui sembla en être un pour la France. Cet homme fut John Law.

Fils d'un banquier écossais, John Law (1671-1729) avait émigré en Hollande à l'âge de vingt-quatre ans, après des années d'étude consciencieuse des principes de la banque et un court séjour en prison pour un duel malheureux. Il fut durablement marqué par la richesse qui s'y faisait jour. Revenu en Écosse, le contraste pour ses yeux était saisissant. Peut-être fut-il ébloui, car il n'en garda pas une vue claire. « La Hollande, écrivit-il, placée sur le sol le plus ingrat et sur les rivages les plus dangereux, est la plus riche contrée du monde. Pourquoi ? Parce qu'elle regorge en numéraire[9]. » Ce fut là son erreur. Il avait vu une profusion monétaire dans les pays prospères, mais, renversant la relation de cause à effet, il crut que le numéraire créait la prospérité. Law tira vite ses idées au clair et, en 1700, il proposa son plan au gouvernement écossais, qui le refusa. En 1705, il publia des *Considérations sur le numéraire* pour défendre son nouveau système, qui, là encore, resta sans application. Il se rendit en France, d'où on le renvoya, puis se rendit en Italie, où il n'eut pas de meilleurs succès.

Les déboires financiers de la France lui ouvrirent alors une voie dans laquelle il fut prompt à s'engager. Il proposa à nouveau son plan. Ses principes furent débattus par le parlement de Paris, qui

9. Cité par Adolphe Thiers, *Histoire de Law*, Paris, J. Hetzel, 1858, p. 14-15.

apparut sceptique. Que se passera-t-il si tous les clients veulent récupérer leur argent, demanda l'un de ses membres ? On ne prêta pas attention à ces craintes, trop occupé qu'on était à éviter la banqueroute.

John Law fonda donc une compagnie. Capital en actions, réputation excellente, et agissements dans les opérations habituelles de banque. Elle s'autorisa aussi l'octroi de crédits. Les premiers temps furent heureux. Le taux de l'intérêt baissa, et une sorte de prospérité se répandit. Les économistes de l'époque, Dutot, Melon, ou Savary, dressèrent un portrait élogieux de la richesse renaissante de la France. Selon Dutot, une « abondance se répandit bientôt dans les villes et dans les campagnes », une abondance qui, poursuivait-il, « réveilla l'industrie »[10]. On se mit à croire à ce beau système. Les actions grimpèrent, et, avec elles, l'estime des élites pour M. Law.

La compagnie se mit à étendre ses opérations. L'enthousiasme augmenta avec elles. Toujours fondée sur un capital de 6 millions, elle mit en circulation jusqu'à

10. Cité par Adolphe Blanqui, *Histoire de l'économie politique*, Paris, Guillaumin, 1842, p. 68 ; 1837, p. 68.

60 millions en billets. L'enthousiasme continua. On parla désormais d'opérations en Louisiane, une région récemment découverte par un Français et nommée ainsi en l'honneur du roi ; une région où des terres en friche semblaient permettre beaucoup. Elles permirent en tout cas à une passion de naître autour de la pourtant récente et fragile compagnie. Ce fut le début de ce que l'économiste James Steuart appela le « songe doré » de la France[11]. En 1718, deux ans seulement après sa création, elle obtint un privilège et fut transformée en Banque royale.

Le pouvoir royal, d'ailleurs, était sous le charme. Le régent voulut qu'on autorise le paiement des impôts avec ces nouveaux billets, mais le parlement s'y opposa, et il fallut recourir à la déshonorante pratique des lits de justice pour que l'autorisation soit entérinée. D'ailleurs, on n'attendit pas les premiers craquèlements pour prendre des mesures autoritaires. La vente d'or et d'argent fut fortement réglementée, et leur détention également. Il n'était plus

---

11. James Steuart, *Recherche des principes de l'économie politique*, t. IV, Paris, Didot, 1789, p. 265.

autorisé de payer en pièces métalliques au-dessus d'un certain montant, puis on ne put plus du tout le faire. Chez les joailliers, notamment, des saisies furent prévues, et plus d'une fois mises à exécution. En avril 1719, l'émission monétaire avait atteint 110 millions.

Entre-temps, les prix avaient subi une évolution sensible. Le drap, racontera Thiers, qui valait 15 à 18 livres l'aune, monta à 125 livres l'aune[12]. Peu à peu, les doutes se firent jour. Les esprits avertis comprirent la supercherie, et certains retraits commencèrent à déstabiliser la compagnie. Le cours des actions chuta. La panique s'empara de la population et, dans un excès de crainte, chacun en vint à vouloir retrouver son bon argent. Les mesures autoritaires n'y firent pas grand-chose. Une panique, transformée en émeute, fit dix-sept morts. Le système s'écroula alors, sans que tous aient pu convertir leurs billets.

« Ce fut une monstrueuse banqueroute qui bouleversa bien des fortunes », écrira l'historien Émile Levasseur dans son

---

12. Adolphe Thiers, *Histoire de Law*, *op. cit.*, p. 107.

Histoire des classes ouvrières en France[13].
Des fortunes furent formées, pour ceux
qui, plus malins, avaient vendu à temps ;
des fortunes fictives, acquises aux dépens
du plus grand nombre du peuple. La monnaie de papier était simple, très simple
à émettre : les Français avaient fini par
le comprendre. La prospérité illusoire
qu'elle commence d'abord par provoquer
séduit les peuples devenus misérables. Les
richesses s'accumulent, et personne ne
s'aventure à poser des questions. Et tout
à coup, à mesure que l'on découvre les
effets trop réels d'une richesse trop fictive,
vient la chute. Elle est brutale, sévère, et
étendue. Seuls quelques spéculateurs avi-
sés parviennent à passer entre les mailles
du filet, et comme entre les gouttes. Le
reste du peuple est ruiné. Il n'en est pas
autrement. Une pauvreté massive et, au
milieu, la richesse de quelques chanceux :
tel fut le résultat de la première expérience
du papier-monnaie.

*

---

13. Cf. Émile Levasseur, *Histoire des classes
ouvrières en France*, t. II, livre VII, Paris, Didot,
1859.

Pendant des décennies l'Europe entière retint la leçon de ce désastre. Les gouvernants étaient regardés avec crainte et suspicion. Non sans intelligence, les Parisiens disaient alors avec cet air malin qu'ils conservèrent toujours : « Tu nous promets beaucoup, Régent. / Est-ce en papier, est-ce en argent[14] ? » En vérité, on se mit à craindre le papier-monnaie. Le grand Mirabeau, dont on reparlera, condamna cette invention en ces termes : « Tout papier-monnaie est une orgie du despotisme en délire[15] ! » C'était un rejet comme on en fait rarement. Et cependant, peu après la Révolution, au milieu des restes de ce rejet pourtant universel, la France, encore elle, succomba à nouveau aux sirènes de la monnaie-papier. Vinrent en effet les assignats.

Les assignats flouèrent ce peuple même qui, soixante-dix ans auparavant, avait subi dans sa chair les blessures causées par l'introduction du papier-monnaie. Les élites, et le peuple tout entier, succombèrent une

---

14. Cité par Frédéric Passy, *Histoire d'une pièce de cinq francs et d'une feuille de papier*, *op. cit.*, p. 48.
15. Mirabeau, lettre à Cerutti, janvier 1789, cité dans *ibid*.

deuxième fois aux sirènes qui venaient de causer leur naufrage. On ne peut pas dire que la France n'avait rien pour s'en défendre. L'Assemblée nationale, à cette époque, était remplie des esprits les plus compétents et les plus sains qu'on y pût mettre : les Mirabeau, Sieyès, Dupont de Nemours, Talleyrand, Bailly, Necker, etc. Et pourtant, dans sa grande majorité, cette Assemblée resta aveugle à l'évidence. Même un homme aussi intègre, aussi brillant, et aussi au fait de l'histoire de son siècle que Mirabeau, l'homme que la Révolution allait bientôt élever au rang de héros national, même cet homme, pressé par les nécessités, alerté par la désolation intérieure, sensible, certainement, à la misère du peuple, même cet homme, donc, chercha à nouveau dans le papier-monnaie la solution de tous les maux.

Necker aussi, à l'époque si révéré, se résigna à cette idée et se mit à la soutenir. Les choses, pensaient ces deux hommes, et bien d'autres avec eux, étaient désormais différentes. D'abord, c'en était fini du pouvoir arbitraire du roi, et cela, croyaient certains, suffisait. « Le papier-monnaie sous le despotisme est dangereux, expliqua ainsi Martineau à l'Assemblée. Il favorise la corruption. Mais dans un pays régi par la Constitution, qui lui-même prend soin de l'émission de ses billets et détermine leur nombre et leur utilisation, ce danger n'existe plus[16]. » En outre, il ne s'agissait plus de pur papier-monnaie, créé à partir de rien, mais de billets reposant sur les biens du clergé. Cela faisait bien une différence, c'est vrai, ou du moins cela en fit une au début. Gager le papier-monnaie sur les terres du clergé était une idée astucieuse, et permettait de rendre à nouveau crédible un plan d'émission de billets.

Les assignats, dans leur conception, devaient donc reposer sur les biens du clergé, qu'on souhaitait vendre, et en somme, ils devaient comme *les représenter*. Mais cette protection ne protège que ceux qui la conservent avec eux, et ce n'est pas ce que firent les gouvernants de l'époque. Comme nous l'expliquerons dans le récit qui va suivre, les assignats dérivèrent rapidement des 400 millions d'origine conservés en gage, et atteignirent 45 milliards à peine dix années plus tard[17].

---

16. Andrew Dickson White, *Fiat Money Inflation in France*, Toronto, Brigdens, 1914, p. 3.
17. Cf. Jacques Bainville, *Histoire de France*, Paris, Hærès, 2012, chap. XVI.

La France faisait à nouveau l'expérience des difficultés financières les plus profondes. La banqueroute semblait inévitable, et pourtant tous voulaient l'éviter. Il y avait bien sûr des solutions disponibles. Il était possible de remettre de l'ordre dans les finances publiques en vendant des parties de l'immense patrimoine de l'État, en restreignant les folies dépensières héritées des temps passés, et en simplifiant le régime fiscal de la nation, mais c'était là des mesures difficiles, aussi pénibles à annoncer au peuple qu'à appliquer.

On voulait des solutions plus rapides, des recouvrements immédiats, des plans dans le genre de ceux que la langue anglaise rend si bien par l'expression « *get-rich-quick scheme* ». C'est dans le papier-monnaie qu'on crut la trouver. La France était riche en terres et en hommes travailleurs, disait-on, mais ce dont elle manquait, c'était d'un moyen de circulation. Le début de l'année 1790 vit ainsi l'arrivée à l'Assemblée des débats sur une émission monétaire. On entendit les premières plaintes, les premiers avertissements. Ils furent sans effet. Les représentants du clergé jetèrent sur les défenseurs du papier-monnaie des menaces de damnation, mais leurs appels n'exprimaient que trop les intérêts particuliers de leur ordre, et, de ce fait, ils ne furent pas entendus. Certains dirent qu'une fois la première émission permise, une autre suivrait inévitablement, puis une autre, et ainsi de suite jusqu'à l'effondrement. Ils ne conquirent pas davantage l'attention des députés.

Chacun proposa son plan. Le grand Mirabeau exposa le sien. Il souhaitait figer le système monétaire dans une forme stable, considérant que pour assurer son rôle d'intermédiaire des échanges, la monnaie devait être invariable. Pour éviter les changements dans la proportion entre les différents métaux servant comme monnaie, il proposait en outre de n'en utiliser qu'un, et son choix se porta sur l'argent. Il admettait tout de même la création de « signes additionnels » en or et en cuivre, mais aucun droit de seigneuriage[18]. Il ne formulait néanmoins aucune mesure concrète pour s'assurer que du pouvoir d'émission monétaire ne naisse pas un abus. Cela n'empêcha pas qu'on regarda

18. Mirabeau, *De la Constitution monétaire*, Paris, 1790, p. 77.

son plan comme timide, et qu'on continua à espérer le retour du papier-monnaie.

Les défenseurs du papier-monnaie étaient nombreux. Outre Mirabeau, on comptait, parmi les plus expressifs, l'abbé Gouttes, Rewbell, Chabroud, Dorisy, Becquet, ainsi que Royer, l'auteur de « Réflexions d'un citoyen patriote sur l'émission des assignats ».

Du côté des opposants, on fit des discours, on écrivit des pamphlets, espérant convaincre. Parmi ces derniers, un fut particulièrement retentissant. Il venait d'un homme respecté, et grand connaisseur des questions économiques. Il s'agissait de Dupont de Nemours, qui avait signé une brochure par la mention « par un ami du peuple ». Il y démontrait que la création des assignats constituait une augmentation de la quantité de monnaie et que, ainsi, elle aurait pour seule conséquence d'augmenter les prix. « On veut mettre autant d'assignats qu'il y a d'argent dans le royaume, c'est donc comme si on doublait la quantité de l'argent. Ceux qui proposent de faire pour deux milliards d'assignats, et qui font leurs embarras comme s'ils étaient de bons citoyens, ont donc pour objet de faire monter le pain de quatre livres à vingt sous, la bouteille de vin commun à seize, la viande à dix-huit sous la livre, les souliers à douze livres[19]. » La brochure fut lue devant l'Assemblée, sans mention du nom de l'auteur, et c'est alors que Dupont de Nemours avoua sa paternité : « Je déclare que je suis le citoyen qui a fait cette brochure. Je n'ai pas voulu y mettre mon nom parce que je craignais, comme député, de lui donner trop d'importance, et j'ai mis ce titre d'ami du peuple, parce que je me crois digne de le porter. Il m'a paru que ce n'était point abuser de la liberté de la presse que de prévenir le peuple par des raisons sensibles, par des vérités claires et mises à sa portée, sur un projet qui me semble si désastreux. Si on me croit coupable, je me soumets à la peine que l'assemblée pourra m'imposer, je me soumets à la poursuite devant les tribunaux[20]. »

---

19. Pierre-Samuel Dupont de Nemours, *Effet des assignats sur le prix du pain ; par un ami du peuple*, 1790.

20. Cité dans Léonce de Lavergne, *Les Économistes français du XVIIIᵉ siècle*, Paris, Guillaumin, 1870, p. 404. Son appel ne fut pas entendu. Des années plus tard, bien après l'effondrement des assignats, l'Assemblée

Les opposants avaient aussi dans leurs rangs Maury, qui rappela l'expérience de Law, et prédit que les mêmes causes produiraient les mêmes effets. On trouvait aussi Cazalès, Brillat-Savarin, Le Brun, Boislandry, Barnave, Cambon, et d'autres, qui firent de vifs discours contre les assignats. Leurs avertissements furent ignorés, et, en avril, un décret autorisa l'émission de 400 millions de livres en assignats.

Il ne s'agissait plus de la banque malheureuse de John Law, et il fallait en convaincre le peuple. Les assignats furent donc conçus avec la plus grande attention quant au style. Pour le symbole, et pour obtenir la confiance, un portrait du roi fut placé au milieu de ces nouveaux billets. On publia même une *Adresse de*

mit au débat la question de la création d'une banque de France, entièrement dans les mains de l'État. Dupont de Nemours leur cria à nouveau son opposition : « Ne vous préparez pas des regrets analogues à ceux qui tourmentèrent mes collègues de l'Assemblée constituante. On rejeta dans le temps la proposition que j'avais faite de n'employer les assignats qu'au paiement des biens nationaux et de n'en pas faire une monnaie courante. Aujourd'hui l'on dit : Ah ! si nous avions écouté Dupont de Nemours ! » (*ibid.*, p. 415). On ne l'écouta pas davantage.

l'Assemblée nationale aux François, sur l'émission des assignats-monnaie, persuadé, sans doute, que le peuple verrait cette émission d'un mauvais œil[21]. On y expliqua que, oui, le papier-monnaie n'était d'aucune valeur, mais que, en l'occurrence, il était soutenu par le gage des biens du clergé. L'adresse contenait ces mots : « Un papier-monnaie sans valeur effective (et il ne peut en avoir aucune, s'il ne représente des propriétés spéciales) est inadmissible dans le commerce, pour concourir avec les métaux qui ont une valeur réelle et indépendante de toute convention. Voilà pourquoi le papier-monnaie qui n'a eu pour base que l'autorité, a toujours causé la ruine des pays où il a été établi. Voilà pourquoi les billets de banque de 1720, après avoir causé les plus grands malheurs, n'ont laissé que d'affreux souvenirs. L'Assemblée nationale n'a pas voulu vous exposer à ce danger ; aussi, lorsqu'elle donne aux assignats une valeur de convention obligatoire, ce n'est qu'après leur avoir assuré une valeur réelle, une valeur immuable, une valeur

---

21. Andrew Dickson White, *Fiat Money Inflation in France*, *op. cit.*, p. 7.

qui leur permet de soutenir avantageusement la concurrence avec les métaux eux-mêmes[22]. »

Les assignats avaient été conçus pour soulager la détresse financière de la France, et si certains esprits purent croire, dans les premières semaines, qu'ils allaient y parvenir, cette illusion s'effaça vite de toutes les têtes. Cinq mois après l'émission initiale, la France était à nouveau en proie aux plus grandes difficultés, et comme au bord de la faillite. C'est alors qu'on sombra dans l'éternel piège : une nouvelle émission d'assignats fut proposée. Après des débats acharnés, la décision fut prise : le 29 septembre 1790, une nouvelle émission de 800 millions d'assignats fut votée.

Chaque fois les prix grimpèrent, le commerce se réveilla pour retomber immédiatement dans sa langueur, et chaque fois des cris réclamaient de nouvelles émissions d'assignats. Ces demandes furent acceptées. En juin 1791, 600 nouveaux millions furent émis. En décembre, on entendait à nouveau à l'Assemblée qu'« il

22. *Adresse de l'Assemblée nationale aux François, sur l'émission des assignats-monnaie*, Paris, Imprimerie nationale, 1790, p. 10.

n'y [avait] pas suffisamment de monnaie en circulation », dans un discours qui reçut des applaudissements nourris[23]. En décembre 1791 eut lieu une nouvelle émission d'assignats. Leur valeur chuta d'un tiers.

En avril 1792, on comptait déjà cinq émissions d'assignats, pour un total de 24 milliards. De nouvelles émissions eurent lieu à quelques mois d'intervalle. À la fin de l'année, le total était de 28 milliards. La machine s'emballa alors, et de nouvelles émissions eurent lieu mensuellement. Les imprimeries tournèrent à plein régime, et vers la fin de l'année, les assignats ne valaient déjà plus que la moitié de leur valeur initiale. Une paire de chaussures qui, en 1790, valait 5 francs, en valait désormais 200. Cela affectait la totalité du peuple, et notamment les travailleurs, qui n'avaient pas vu leurs salaires augmenter en proportion. Seuls quelques habiles financiers parvenaient à maintenir leur revenu réel, voire à s'enrichir.

---

23. Discours de Dorisy, décembre 1791, cité par Andrew Dickson White, *Fiat Money Inflation in France*, *op. cit.*, p. 30.

Puis vinrent les mesures autoritaires : réquisitions, expropriations, et fixation des prix. Car les prix avaient tellement été augmentés à la suite de l'extrême dévaluation monétaire que l'État n'avait plus qu'une seule solution : imposer des maximums. Et c'est ce qu'il fit. Pendant ce temps, la masse des assignats continuait à croître.

C'est alors qu'au milieu de cette profusion monétaire commença le déclin. En décembre 1795, 100 francs en assignats ne valaient déjà plus que 50 centimes[24]. Au début de l'année 1796, après que quelque 40 milliards en assignats eurent été émis, on accepta de reconnaître la portée de la dévaluation. Les assignats ne valaient plus rien. Du simple papier. Ils finirent par être détruits. Cette fin malheureuse était prévisible et avait été bien augurée par tous les adversaires du papier-monnaie. Une seconde fois, les masses avaient été pillées à cause des rêves de quelques utopistes.

Il n'en fut pas autrement. Bien entendu, l'exemple d'un événement historique, ou même de deux consécutifs, ne saurait en aucun cas fournir la base d'une

---

24. Cf. Guillermo Subercaseaux, *Le Papier-Monnaie*, Paris, Giard et Brière, 1920, p. 424.

loi générale, et ce n'est pas ainsi que la narration précédente doit être comprise. Il ne suffit pas de dire qu'une pomme tombe nécessairement au sol lorsqu'elle se sépare de l'arbre qui la produit ; il faut surtout expliquer pourquoi il en est ainsi.

LA MONNAIE SAINE

L'euro est-il différent des assignats ?
Question embarrassante, surprenante, et
pourtant légitime. Car c'est là, dans une
forme condensée, extrême, et ridicule
presque, la question fondamentale que
doit se poser notre époque. Voilà ramassés
toutes les craintes, tous les doutes, et,
aussi, toutes les espérances. Et en effet, à
la lecture du récit de la partie précédente,
nous n'espérons tous qu'une seule chose :
que l'époque des déboires monétaires soit
révolue, et qu'une connaissance supé-
rieure, une sagesse peut-être, puisse nous
permettre désormais de les éviter.

Répondre à cette question n'est pas si
facile, ni surtout si confortable qu'on pourrait l'espérer. Il nous faut reprendre notre
étude. Dans la partie précédente, l'étude
des deux premières grandes expériences
de papier a fourni des fondements pour

une dénonciation du papier-monnaie, mais elle ne peut enterrer tout à fait le problème. C'est par l'analyse, et l'analyse théorique plus particulièrement, que nous pourrons apposer les derniers clous au cercueil du papier-monnaie.

Cette partie est consacrée à la réalisation de cet objectif. Fournir, par-delà les considérations habituelles, les dogmes inopérants des économistes modernes et les préjugés populaires, les véritables fondements des monnaies et le socle véritable sur lequel ils doivent, si l'on ose dire, être érigés.

Les préjugés populaires forment une barrière qu'il ne sera pas aisé de franchir. Ce n'est pourtant ni par étroitesse d'esprit ni par défaut intellectuel que les gens s'en rendent coupables. Aussi peu scientifique et satisfaisante que soit cette démarche, il n'est pas honteux pour le citoyen de ne considérer les phénomènes économiques que du côté par lequel il les regarde.

Et que voit-il, précisément ? Chaque jour, quelle que soit la ville dans laquelle il habite, le magasin dans lequel il va faire ses courses, ou les habitudes de consommation qui sont les siennes, il constate, malheureux, l'évolution des prix. Ils grimpent, grimpent, et pourtant c'est pour lui que l'air devient de moins en moins respirable. Dans le journal qu'il achète avant de partir, ou à la télévision qu'il allume en arrivant, personne ne masque la réalité dont il vient de faire l'expérience, et pourtant, quelle cause offre-t-on à son esprit ?

Car nous le savons bien, les prix ne cessent d'augmenter. Mais avons-nous raison d'en accuser les entreprises, les banques, ou les spéculateurs, comme on nous invite si fréquemment à le faire ? Les entreprises, d'abord, semblent peu coupables. Pour autant que l'État leur garantisse un environnement de concurrence libre et entière, les prix de chaque produit trouveront leur niveau, et à moins de supposer une difficulté croissante dans la production, ils n'auront pas, en général, tendance à augmenter. Fournir le crédit, financer les projets d'envergure, est bien sûr un coût pour les entreprises, mais la centralisation des capitaux que les banques et les marchés financiers permettent abaisse considérablement le coût des emprunts. Ainsi, il semble bien que ce ne soit pas de ce côté qu'il faille considérer la chose.

Au surplus, d'un point de vue stricte-
ment théorique, l'augmentation des prix
n'est pas un résultat normal du fonction-
nement d'une économie de marché. En
temps normal, la productivité croissante
de l'emploi de travail provoque ou tend
à provoquer une baisse des prix. C'est
d'ailleurs le cas pour les produits de haute
technologie, dont le prix, grâce à l'amélioration et aux progrès, chute constamment.
Combien vaudrait aujourd'hui un ordina-
teur produit au début des années 2000 ?
Très peu, sans doute. Mais, alors, pourquoi
n'en est-il pas ainsi pour la plupart des
produits ?

Il faut se rendre à l'évidence : il existe
une autre raison. Il existe une cause sup-
plémentaire qui, non seulement pousse les
prix à grimper, mais encore les empêche
de suivre leur cours normal, qui est de
baisser avec l'amélioration des techniques.
Notre conviction est que cette cause est
à trouver dans le système monétaire, et
nulle part ailleurs.

Pour cela il faut renverser notre
conception traditionnelle de l'inflation.
L'inflation n'est pas une hausse durable
des prix, mais, plutôt, une diminution
du pouvoir d'achat de la monnaie. Et

nous nous faisons flouer en considérant le mauvais côté de la question. Si ce que j'achetais il y a dix ans avec un billet de 10 euros s'achète désormais avec le même billet plus une belle pièce de 2 euros, il ne faut pas conclure que le prix du produit a augmenté de 20 %, mais, plutôt, que ces morceaux de papier, et de nickel, que je nomme « euros » peuvent désormais acheter 20 % de moins qu'avant — en langage savant, on dit que la monnaie a été dépréciée de 20 %.

Notre système monétaire n'a-t-il pas un impact sur la hausse des prix ? Les problèmes monétaires, si réels et si menaçants de nos jours, ces problèmes n'ont-ils pas leur source dans notre système monétaire ? N'est-ce pas parce que l'euro, comme le dollar, est une monnaie-papier, une monnaie que la Banque centrale peut émettre à souhait ?

Les mécanismes de base de la science économique opèrent à notre époque comme ils opèrent dans toutes les autres, et il n'y a aucun moyen de les empêcher de le faire. Lorsqu'il y a davantage de monnaie en circulation, la valeur de la monnaie diminue, et les prix augmentent. C'est mécanique. Toute marchandise diminue de valeur quand on en accroît la quantité offerte, *ceteris paribus*. La monnaie ne se comporte pas autrement.

La monnaie de papier n'est pas en elle-même un désastre économique, mais elle favorise l'apparition des désastres économiques. Si la valeur d'une monnaie dépend de la variation de sa quantité, alors il faut rejeter avec la plus grande vigueur tous les systèmes qui permettent ou qui tendent à permettre à cette quantité de varier au gré des décisions politiques. Il faut que la monnaie conserve sa valeur. C'est l'honnêteté même, et le principe même de la justice. L'intermédiaire des échanges ne peut souffrir d'être maltraité.

Voyons ici en détail les raisons pour lesquelles, selon les principes de la science économique, la monnaie de papier doit être repoussée comme contraire à l'intérêt de la grande masse du peuple.

Dans la première partie de ce livre, nous avons rappelé ce qui constitue l'éternel lieu commun des traités sur la monnaie : les différentes fonctions de la monnaie. Reprenons-les désormais, et osons considérer si le papier-monnaie les remplit :

1° Unité de compte : accepté. Une monnaie idéale sert pour ce genre de choses. De ce point de vue, le papier sert donc aussi bien que l'or ou que toute autre marchandise. En vérité, nous pourrions compter en écus, en marks, en livres, en francs, en euros, que cela ne changerait rien à l'affaire. La fonction d'unité de compte n'implique pas pour la monnaie de respect pour une quelconque théorie monétaire. Cette fonction est remplie quelles que soient les pratiques monétaires, la composition des monnaies, et même l'époque ou le lieu considéré. Même dans l'Allemagne du début des années vingt, il restait possible d'exprimer des prix en monnaie. Il fallait simplement ne pas avoir peur d'exprimer des grands nombres.

2° Intermédiaire des échanges : accepté. Il serait difficile de contester que le papier-monnaie puisse effectivement remplir la fonction d'intermédiaire des échanges, et circuler de main en main pour payer les produits et services des uns et des autres, puisque nous voyons chaque jour qu'il le fait dans nos nations européennes. Néanmoins, il est important de signaler qu'un intermédiaire des échanges, dans l'histoire, a émergé spontanément. Or nos autorités monétaires contemporaines imposent un intermédiaire et ne laissent aucune autre marchandise, ni aucune autre institution, concurrencer l'étalon étatique. Ainsi, nous pouvons dire que le papier-monnaie satisfait le rôle d'intermédiaire des échanges, mais qu'il serait vite remplacé par un autre étalon des échanges si les lois sur le cours forcé ne l'empêchaient pas d'apparaître sur le marché.

3° Réserve de valeur : refusé. Oui, refusé. La monnaie de papier, dans les circonstances dans lesquelles elle est émise, n'est pas une réserve de valeur. Considérez cet exemple simple : si votre arrière-grand-mère avait placé 1 000 francs dans un tiroir, et votre grand-père, une demi-once d'or dans un autre, que resterait-il aujourd'hui ? Simple : une demi-once d'or et quelques bouts de papier. Il faut donc conclure, et il n'est pas d'autre conclusion possible, que la nature même du papier-monnaie l'empêche de constituer une réserve de valeur.

L'étude des trois grandes fonctions de la monnaie pouvait paraître une analyse de détail, détachée du grand problème qui est celui de ce livre, et pourtant c'est elle qui nous fournit ici la clé ultime du problème. Oui, le problème est désormais décelé : la monnaie de papier est vicieuse parce que, laissée entre les mains d'un gouvernement, elle permet, facilite, et encourage presque, le vol de l'épargne de la grande masse des gens. Le président américain Herbert Hoover y avait vu tout à fait clair et avait déclaré : « La monnaie de papier permet aux hommes politiques de confisquer l'épargne des gens en manipulant l'inflation et la déflation. Nous avons l'or comme monnaie parce que nous ne pouvons pas faire confiance aux gouvernements[25]. »

Et en effet, pour en finir avec ce système de fausse monnaie, il faut revenir à des monnaies basées sur du réel comme les métaux précieux. Il faut que la monnaie soit à nouveau une marchandise, comme elle fut à ses origines, et comme elle aurait dû le rester. Qu'elle soit une valeur en elle-même, et un gage de valeur en elle-même. C'est là l'unique alternative, évitant de laisser dans les mains d'un gouvernement

---

25. Hoover, cité dans Roland Baader, *Money-Socialism*, Bern, Johannes Müller, 2010, p. 15.

souvent peu digne de confiance toutes les richesses de nos vies.

Mais enfin, en quoi les métaux sont-ils plus aptes que le papier-monnaie à servir de réserve de valeur ? Car c'est là le point central. Toute marchandise peut être unité de compte, et de nombreuses marchandises peuvent être intermédiaire des échanges. Mais qu'en est-il de la fonction de réserve de valeur ? L'or comme l'argent-métal ont une valeur intrinsèque, puisqu'ils sont utilisés dans l'industrie pour diverses applications. Ils ornent aussi la nuque des dames, et font un vrai plaisir aux yeux.

Ainsi, ces métaux ont une valeur indépendante de leur rôle d'intermédiaire des échanges, c'est-à-dire de monnaie, et ils la conservent encore aujourd'hui, à notre époque de monnaie-papier.

Nous ne disons pas que fonder notre système monétaire sur les métaux précieux comme l'or et l'argent soit sans défaut. L'étalon-or a ses défauts, et il serait imprudent de le nier. « L'étalon-or n'est pas sans défaut, rappelaient récemment des économistes, mais il est largement meilleur que le système ingérable de monnaie fiduciaire qui l'a remplacé. L'étalon-or a prouvé historiquement et de manière crédible qu'il apportait une stabilité des prix à long terme[26]. » Jadis nous avions cette stabilité, car nous avions une monnaie saine.

Nous l'avons peut-être aujourd'hui parfaitement oublié, mais certains de nos bons vieux francs contenaient de l'argent-métal qui, aujourd'hui, conserve encore sa valeur. À titre d'exemple, la pièce de 1 franc frappée entre 1898 et 1920 contient 4,175 grammes d'argent-métal. Le gramme d'argent-métal valant de nos jours environ 0,75 euro, cette pièce vaut aujourd'hui quelque 3 euros[27].

Que vaudrait cette pièce aujourd'hui si elle avait été faite en nickel ? Elle vaudrait ce que valent quelques grammes de nickel, c'est-à-dire quelques centimes. En 1958, avec l'arrivée du nouveau franc, cette pièce de 1 ancien franc aurait été

---

26. Kevin Dowd, Martin Hutchinson et Gordon Kerr, « The Coming Fiat Money Cataclysm and the Case for Gold », *Cato Journal*, vol. XXXII, n° 2, 2012, p. 383.
27. Ayant reçu son accord amical, nous reprenons ici les arguments développés avec intelligence par Gilles Laurent dans ses propos sur la monnaie saine. Cf. www.lamonnaiesaine.org.

échangée contre une pièce de 1 centime de nouveau franc. Ensuite, avec l'arrivée de l'euro cette pièce de 1 centime aurait été convertie en 0,0015 centime d'euro. Vous n'auriez même pas pu l'échanger tellement elle ne vaut plus grand-chose. Voilà à quoi correspond le franc de l'époque : 0,0015 euro au lieu de 3 euros. Oui, la sauvegarde d'une monnaie saine nous aurait fourni ceci : 1 ancien franc = 3 euros.

Le recours au métal-argent pour la monnaie est une garantie efficace pour le maintien du pouvoir d'achat des individus. Il ne s'agit pas, bien entendu, de tomber dans les larges travers de la théorie mercantiliste, et de supposer, arbitrairement et sans égard pour la réalité, que les métaux précieux sont la seule et l'unique richesse. C'est un débat théorique différent que nous traversons, et ce sont des principes différents que nous défendons. Mais il convient d'insister, au moins pour le lecteur peu attentif, sur le fait qu'il existe toutes les différences du monde entre défendre une monnaie métallique et s'aventurer à croire que son accumulation est l'illustration de l'enrichissement suprême.

*

Il fallait naturellement présenter une alternative au règne dangereux et destructeur du papier-monnaie, et c'est ce que les paragraphes précédents ont tâché de fournir. Il serait pour autant assez imprudent de faire croire qu'il n'existe qu'une voie possible pour améliorer notre système monétaire, et que l'étalon-or constitue la seule alternative.

Si le papier-monnaie est une illusion, et si l'apparente solidité du système qui l'émet et le garantit cache en réalité des faiblesses fondamentales, ce n'est pas seulement une question de matière. Nous avons rappelé que les métaux, dans leur essence même, sont plus susceptibles de constituer un étalon monétaire que des signes sans valeur intrinsèque. Il convient pourtant de se demander si, dans un cadre institutionnel différent, les faiblesses du papier-monnaie pourraient être dépassées, ou, pour ainsi dire, neutralisées.

Imaginons une société où non seulement on considérerait à nouveau la monnaie comme une marchandise, mais où on la laisserait aussi être produite comme toutes les autres marchandises ; où il y aurait des « monnétiers », fabricants de monnaies, comme il y a des boulangers pour produire du pain.

Les avantages seraient très réels, et les dangers bien moindres qu'on se le figure spontanément. Si c'est la quantité de monnaie qui détermine véritablement les prix, et qui constitue donc la donnée fondamentale par laquelle juger un système monétaire, alors nos craintes peuvent être dissipées : dans des conditions normales de concurrence, les quantités monétaires produites se proportionneraient aux quantités demandées, comme l'offre de pain se proportionne à la demande de pain.

Si l'État était le seul producteur de pain, ou de toute autre denrée, nous aurions toutes les chances pour que, profitant de son monopole, il ne nous serve qu'un médiocre produit, et à prix exorbitant. Si la production de monnaie était protégée par une attention à l'exécution contractuelle, et régulée par la concurrence et le juste intérêt de chacun, disparaîtraient la fraude, la surabondance, et la tromperie.

Ce fut la proposition célèbre de l'économiste Friedrich Hayek pour mettre fin aux abus monétaires, en supprimer la cause : l'État. Nul doute que sa proposition, utopique pour les uns, essentielle pour les autres, saura stimuler la réflexion de tous les apprentis économistes qui, le cœur lourd des maux accablant notre époque, rêvent de meilleures conditions pour eux et leurs enfants.

CONCLUSION :
EN ATTENDANT LA
MONNAIE SAINE

Avec ce livre, nous avons essayé de fournir à la monnaie saine une double défense. Par un argumentaire théorique, essentiellement formulé dans la première partie, nous avons indiqué pourquoi la monnaie était essentiellement une marchandise, et pourquoi le papier-monnaie est une invention illusoire qui a devant elle les lois d'airain de l'économie, et qu'elle ne vaincra jamais.

À l'appui de ces idées, nous avons puisé dans l'histoire de notre propre nation deux exemples des désastres du papier-monnaie qui eurent malheureusement bien d'autres occurrences. Des solutions aux maux inséparables du règne du papier-monnaie suivirent dans la troisième partie : la monnaie saine d'un côté, reposant sur les métaux ; la dénationalisation de la monnaie de l'autre.

Le cap est indiqué, mais cela n'empêche pas la route d'être sinueuse, et les succès d'être lointains. Cette conclusion tâchera donc d'indiquer brièvement les mesures qu'il conviendrait de prendre, si nous tenons à nous éloigner des falaises dangereuses du papier-monnaie, pour reprendre la direction des vertes plaines de la monnaie saine.

La première, et la plus évidente, serait la fin du monopole public sur l'émission monétaire, ce qui impliquerait, ou plutôt ce qui causerait la fin des banques centrales telles que nous les connaissons aujourd'hui. Aucune monnaie n'aurait plus de cours forcé. L'impact serait considérable. S'il avait été possible, au milieu du Moyen Âge, d'introduire des étalons monétaires différents de celui émis par le pouvoir national, c'est sans doute avec une inconséquence moins palpable que les rois de France auraient manipulé la monnaie dans les proportions qu'on a rappelées dans ce livre.

La seconde concernerait l'or lui-même. Libéraliser l'achat et la vente de métaux, et retirer la lourde fiscalité conçue pour les limiter, permettrait de voir émerger des monnaies métalliques, fournies par l'État, s'il en a la sagesse, ou par la société, s'il ne l'a pas.

Alors pourra s'achever l'ère de la monnaie de papier, et l'ère de l'inflation ravageuse, qui la suit nécessairement. Ainsi, chacun pourra considérer son épargne avec confiance. Ces réformes, bien sûr, ne suffiront pas à rendre notre nation prospère, ni à transformer les citoyens en sages. C'est une attitude plus modeste et plus réaliste que nous devons adopter : modeste, en ne prétendant pas fournir aux individus ce dont ils sauront se doter eux-mêmes ; réaliste, parce que nos réformes se fondent sur la nature même de la monnaie, et sur ses fonctions réelles dans nos vies. Modestie et réalisme : assurément, ce n'est pas la posture habituelle des réformateurs, des idéologues et des politiciens. C'est la posture des sages.

BIBLIOGRAPHIE

Ernest Babelon, *Les Origines de la monnaie considérées au point de vue économique et historique*, Paris, F. Didot, 1897.

Louis Baudin, *La monnaie. Ce que tout le monde devrait en savoir* (1947), Institut Coppet, 2011

Louis Blanc, *Histoire de la révolution française*, Paris, A. Lacroix, 1878.

Andrew Dickson White, *Fiat Money Inflation in France*, Toronto, Brigdens, 1914.

Edgar Faure, *La Banqueroute de Law, 17 juillet 1720*, Paris, Gallimard, 1977.

Carl Menger, « On the Origins of Money », *Economic Journal*, 2, 1892, p. 539-255.

Frédéric Passy, *Histoire d'une pièce de cinq francs et d'une feuille de papier* (1909), Institut Coppet, 2012.

Adolphe Thiers, *Histoire de Law*, Paris, J. Hetzel, 1858.

TABLE
DES MATIÈRES

Ce volume,
le quatrième de la collection « Les Insoumis »
publié aux Éditions les Belles Lettres
a été achevé d'imprimer
en aôut 2014
sur les presses
de la Manufacture Imprimeur
52205 Langres Cedex

N° d'éditeur : 7905
N° d'imprimeur : 140699-2
Dépôt légal : septembre 2014
Imprimé en France